漫畫

中華傳統美德

才德

閆沛迪 著　　上尚印象 繪

新雅文化事業有限公司
www.sunya.com.hk

漫畫中華傳統美德
才德

作　　者：閆沛迪
繪　　圖：上尚印象
責任編輯：羅睿琪
美術設計：黃觀山
出　　版：新雅文化事業有限公司
　　　　　香港英皇道 499 號北角工業大廈 18 樓
　　　　　電話：（852）2138 7998
　　　　　傳真：（852）2597 4003
　　　　　網址：http://www.sunya.com.hk
　　　　　電郵：marketing@sunya.com.hk
發　　行：香港聯合書刊物流有限公司
　　　　　香港荃灣德士古道 220-248 號荃灣工業中心 16 樓
　　　　　電話：（852）2150 2100
　　　　　傳真：（852）2407 3062
　　　　　電郵：info@suplogistics.com.hk
印　　刷：中華商務彩色印刷有限公司
　　　　　香港新界大埔汀麗路 36 號
版　　次：二〇二一年十一月初版

版權所有・不准翻印

ISBN: 978-962-08-7870-1
© 2021 Sun Ya Publications (HK) Ltd.
18/F, North Point Industrial Building,
499 King's Road, Hong Kong
Published in Hong Kong, China
Printed in China

本書中文繁體字版權經由北方婦女兒童出版社，
授權香港新雅文化事業有限公司於香港、澳門及台灣地區
獨家出版發行。

前言

中國歷史上下五千年，國土縱橫數萬里，作為世界四大文明古國之一，歷代先人給我們留下了珍貴豐厚、博大精深的歷史文化遺產。

在中國悠久漫長的歷史長河中，雄偉壯觀、震驚世界的歷史古跡；浩如煙海、舉世無雙的文化典故；絢麗多彩、獨具特色的民族藝術；燦若星辰、光芒四射的文化名人……靜靜地訴說着自己的前世今生，書寫着興廢盛衰的滄桑過往，凝聚着歷代人民的心血智慧，展現着民族文化的生生不息。

《漫畫中華傳統美德》系列以傳播文化、啟迪心靈為原則，通過漫畫的形式，將發人深省的歷史故事、博大精深的中華文化，融入絢麗多彩的畫面中，務求圖文並茂，寓教於樂，讓小讀者在輕鬆閱讀的同時，感受中華文化的魅力和民族智慧的力量。

現在，就讓《漫畫中華傳統美德》帶你開始這段奇妙的文化之旅吧！

目錄

才德簡介

　　歷史長河浩如煙海，不少擁有過人才智與高尚品德的才德之士，留下了他們流光溢彩的身影。

　　在古代，狀元及第是才德兼備的精英所能獲得的最高榮譽，堪稱是「天上一輪才捧出，人間萬姓仰頭看」。他們當中既有朝堂上慷慨陳詞、指點江山的文狀元，也有跨馬殺敵、精忠報國的武狀元；既有秉公無私、敢言直諫、為天下蒼生計的清官廉吏，也有滿腹經綸、才思敏捷的儒林翹楚；既有襟懷坦蕩、孝義當先的治世能臣，也有謙遜有禮、不畏強權的文人雅士……他們書寫了屬於那個時代的輝煌，留下了一段段千古流傳的佳話。

　　快來翻開古老中國的歷史畫卷，細看古代精彩的才德故事吧！

廉正

愛國憂民的清官廉吏

　　在中國各個朝代中，有着這樣一羣清官廉吏：他們才德兼備，心繫天下；他們體恤百姓，勤政愛民；他們剛正不阿，敢言直諫；他們公正廉明，恪盡職守；他們勵精圖治，夙興夜寐。他們施良政、得民望、奉公守法，堪稱為時代的脊樑。

足智多謀 ── 房玄齡

房玄齡（公元579年－648年）是唐朝初期著名的良相和傑出的謀士，也是締造唐朝盛世「貞觀之治」的重要功臣。

房玄齡

為政要慎重，思危所以求安，慮退所以能進。

房玄齡

杜如晦

我們要廣開耳目，任用賢才，不避親仇。

後世以房玄齡和杜如晦為良相的典範，將他們合稱為「房謀杜斷」。

公元617年，一支十幾萬人的大軍在陝西關中渭北一帶駐紮。

我叫房玄齡，前來拜見你們的統帥、二公子李世民。

一個年近四十歲的男子走向軍營。

李世民

啟稟二公子，有個自稱房玄齡的人求見。

快快有請！

我願輔佐公子成就大業。

早聞先生大名，真是相見恨晚呀！

李淵

有房玄齡相助，我方大軍如虎添翼。

推翻隋朝指日可待！

此時的李世民正在協助父親李淵起兵反隋。

房玄齡經常為李世民出謀劃策，還多次跟隨他一起出征。

我能有今日的成就，真是多虧了你啊！

這個建議很好，你考慮得真周全。

我們應該如此……

謝謝誇獎。

安靜！論功行賞大會要開始了。

有什麼賞賜呀？

快點吧，我等不及了！

當時軍中規定，只要攻下隋朝的一個城池，臣子便可以論功行賞。

不要搶！

我的功勞大，獎賞應歸我！

各臣子往往爭先搶奪金銀財寶和封地，甚至大打出手。

房玄齡為李世民招納了許多人才，其中包括杜如晦。

杜如晦拜見二公子。

不過房玄齡考慮的，卻是如何讓隋朝的人才為己方所用。

11

消滅隋朝之後，李淵在長安稱帝，建立唐朝，李世民被封為秦王。

朕今日登基，乃我大唐之盛事，舉國同慶。

隋朝終於被推翻，接下來只要平定割據勢力，以後就是唐朝的天下了！

秦王待我不薄，我一定要好好輔佐他，報答知遇之恩。

只有精打細算，才能當好大管家！

皇兒治家有方，朕要好好培養你。

謝父皇。

房玄齡把秦王府的大事小事都治理得十分妥當。在房玄齡的幫助下，李世民深受李淵重用，但亦加劇他與其他兄弟之間的不和與猜忌。

12

公元626年，房玄齡和杜如晦幫助李世民精心策劃了一次政變。

我已經做好周密部署，確保此次行動萬無一失。

事成之後，天下就是我的囊中物！

房大人的計謀真高明！

皇宮已經被包圍了！

在這次政變中，太子李建成被殺。

這是傳國玉璽，我願讓出皇位。

李淵被迫讓位給李世民。

首功應當贈予房玄齡！

李世民登基為唐太宗後論功行賞。

文武百官紛紛對這個決定表示不滿。

陛下，我們出生入死，立下汗馬功勞，而房玄齡只是一名文官，這有失公允！

房玄齡運籌帷幄，堪比蕭何，予以首功，有何不可？

這實在說不過去。

一個不曾上陣殺敵的文官，竟然被予以首功

房玄齡以實力證明自己的能力。在往後的歲月裏，他不辭辛苦地幫助唐太宗治理好國家。

愛卿日夜為國操勞，朕要封你為宰相。

多謝皇上。

為何你如此竭力為國？

皇上這麼信任我，我只有全心全意付出，才能不負厚望！

14

後來，房玄齡得了重病，唐太宗派名醫為他診治。

皇上日夜操勞，還經常前來探望臣，讓臣愧疚難安啊！

愛卿只需靜心養病，朕要你快點康復！

請陛下以天下蒼生為重，不要再征討高麗了。

愛卿有重病在身，還為國家憂心，太難得了！

啟稟陛下，房大人病入膏肓，恐怕命不久矣。

什麼？

愛卿呀！你不能就這麼離我而去呀！

皇上，臣要先行一步了，請您多多保重。

15

回想房玄齡多年來對自己的幫助，唐太宗悲痛萬分。

歡迎各位賢才，讓我們一起為大唐出謀獻策吧。

定當竭盡全力！

身為宰相，肩上擔着江山社稷，我決不能有絲毫懈怠。

房玄齡幫我招攬了這麼多人才，處理了這麼多政務，對我大唐的貢獻真是數之不盡呀！

房玄齡出任宰相多年，為開創大唐盛世作出重大貢獻，堪稱為「唐朝第一宰相」。

16

— 房玄齡的故事完 —

心繫蒼生——張九齡

張九齡（公元678年－740年）是唐朝名相、詩人，世稱「張曲江」、「文獻公」。他忠耿盡職，秉公守則，直言敢諫，選賢任能，為「開元之治」的功臣。

張九齡是一位有膽識、有遠見的政治家、文學家。

身為宰相，我一定要造福天下黎民百姓。

我決不能辜負大唐一片如畫江山。

唐朝開元年間，百姓安居樂業，首都長安一派繁榮的景象。

17

愛卿直説無妨。

眾愛卿可還有事情參奏？

唐玄宗

陛下，臣有事啟奏。

臣母親年邁，身患重病，請皇上准許臣還鄉奉母。

一天早朝，唐玄宗正要聽取臣下稟報⋯⋯

准奏，去吧！

謝聖上隆恩。

第二天早上，張九齡帶着數名侍從快馬加鞭地離開長安城。

駕！駕！

嗒嗒嗒

大人，此處是大庾嶺。此路乃秦漢時期所建。

這是何地？為何如此面熟？

之後，張九齡和隨從走到一處層巒疊嶂、山路崎嶇的地方。

我張九齡這次一定要考取狀元！

我考中狀元啦！我要入朝做官了！

哦，我想起來了。我曾兩次途經此處……

上有古道，下有懸崖，這裏不甚安全。

我一定要在這裏開鑿一條寬闊平坦的道路！

回到家之後，張九齡悉心照顧母親。

娘，請喝藥。

娘，你一定要快點好起來呀！

張九齡的母親在他的照顧下漸漸康復，而開鑿新路的想法一直在張九齡心中縈繞。

我若是告訴娘在大庾嶺開路的事情，她會同意嗎？

娘，孩兒想開鑿大庾嶺路。

娘有我們照顧呢！

放心去吧！

二弟、三弟，謝謝你們。

修路架橋，功德無量！為官就要造福百姓，我支持你！

張九齡還得到兩個弟弟的支持。

張九齡連夜寫了一份奏摺。

第二天早上，張九齡派人快馬加鞭將奏摺送往長安。

張九齡在家還牽掛着黎民百姓，真是難得呀！

來人！傳我命令！准奏！

唐玄宗還派了一支戍邊官兵供張九齡差遣。

21

聖旨很快送到張九齡手上。

聖上有旨：張九齡開鑿大庾嶺路，造福百姓，准奏！

多謝聖上恩准！

張九齡派人到大庾嶺周邊張貼告示，讓百姓知道開鑿新路。

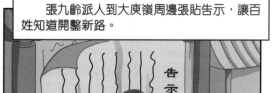

從這裏到那裏，要開鑿一條路⋯⋯

他又帶領官員翻山越嶺規劃線路。

承蒙皇恩，大庾嶺路今日動工，祈福蒼生⋯⋯

張九齡按照當地習俗主持了動工儀式。

大庾嶺路崎嶇難行，百姓都期待張九齡開鑿新路，以便利當地與中原之間的交通往來。

希望鑿路順利！

太好了！

經過一年多的奮戰，大庾嶺路終於修好了。

百姓都很感激張九齡。

這是大庾嶺的百姓送給您的。

謝謝大家。

請轉呈聖上。

好。

順利完成任務後，張九齡上疏表奏朝廷。

太好了，命張九齡速速回京。

大庾嶺路修好了，也了卻了我的心願。

回到宮中……

愛卿修路有功，朕要大力提拔你！

臣定不負皇恩。

張九齡深受唐玄宗重用，官拜宰相，每天早晚都忙於處理政事。

張大人處處為民想事、為民辦事。

張大人真是一位好官。

這是百姓之福啊！

張九齡勤政為民，剛正清廉，備受後人的肯定和推崇。

24

― 張九齡的故事完 ―

秉公無私——蘇易簡

蘇易簡（公元958年－996年）是宋太宗在位時期的狀元。他性情豪放，博學多才，不僅文采出眾，而且為官清廉，深受百姓愛戴。

蘇易簡

我最擅長寫文章。

文苑英華

文房四譜

文選菁英

續翰林志

蘇易簡通曉古今，著有《續翰林志》、《文選菁英》等書卷，他還參與編纂篇幅達一千卷的文學集《文苑英華》。

公元980年，全國各地的學子紛紛奔赴京城參加殿試。

一會兒就要參加由皇上親自主持的殿試了。

蘇易簡

皇上好威嚴呀！

誰的作答出色，就能成為今年的新科狀元。

宋太宗

看看狀元花落誰家。

宋太宗出題讓所有考生一起作答。

26

這道題目考核的是……我明白了！

蘇易簡稍加思索，不擬草稿便揮筆疾書起來，很快就寫完了三千多字的文章。

皇上，這是蘇易簡的文章。

這麼快就寫完了？

君臣千載遇啊！好文章！

看過文章之後，宋太宗龍顏大悅。

朕欽點你為一甲第一名！你就是新科狀元！

多謝皇上恩典。

宋太宗發現蘇易簡的學識和人品出眾，十分欣賞他。

數年後⋯⋯

蘇愛卿，今年科舉考試就由你來主持吧！

科舉考試關乎選賢任能，影響江山社稷，半點兒不能馬虎啊！

多謝皇上信任，臣定不負所望。

聽說由考取狀元不久的蘇易簡擔任科舉主考官後，學子們都議論紛紛。

聽說這位主考官非常公正，不徇私情。

年輕有為呀！

前途無量啊！

蘇易簡有一個識於微時的好友，名叫何光逢。

人人都説我遊手好閒，嘿嘿，説得真對！

他擔任過縣令，卻因受賄而被革職。

不要啊……我知錯了！

他流落到京師，生計日漸艱難，整日愁眉不展，不知如何是好。

放開我！

唉，在天子腳下混口飯吃也不易啊！

呼

一日，何光逢正在路邊打瞌睡，突然有一人把他拉到一個僻靜的地方。

到底發生了什麼事呀？

29

30

開考的日子到了，何光逢準備跟隨其他考生一起混入考場。

千萬別被蘇易簡發現！

我和蘇易簡多年不見，他應該認不出我的吧？

站住！你是被官府除名的何光逢！

把他趕出考場！

此仇不報非君子。走着瞧！

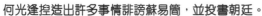
何光逢捏造出許多事情誹謗蘇易簡，並投書朝廷。

好個蘇易簡，我就讓你身敗名裂！

我要狀告蘇易簡，這是他犯罪的證據。

何光逢不知悔改，竟然誣告我！我只能自辯以示清白。

我知錯了。

何光逢最終因誣告官員被捕，判處死刑。

膽大包天，竟然敢誣告蘇大人！

我這樣等同害死了何光逢，都是我的罪過啊。

別難過了。唉……

蘇易簡厚葬了何光逢，並派人將他的棺槨送回家鄉。

光逢啊光逢，沒想到你竟會落得如此下場。唉……

何光逢的死令蘇易簡十分難過，他經常為此悶悶不樂。

為國家選拔人才，是我的職責和心願。

蘇易簡曾三度出任「知貢舉」，主持朝廷的科舉選士工作。

蘇易簡秉公行事，為朝廷選拔了不少俊傑英才，其人品與文德至今仍受世人傳頌。

— 蘇易簡的故事完 —

犯顏直諫──孫伏伽

孫伏伽（生年不詳－公元658年）是唐朝第一名狀元及第，也是中國史上有記載的第一位狀元。

孫伏伽

第一狀元

衝啊！推翻隋朝暴政。

隋朝末年天下大亂，人民紛紛起義。

唐高祖

各位愛卿，如今我大唐初建，為天下蒼生計，朝廷會廣開言路，讓大家暢所欲言。

隋朝名將李淵起兵，推翻了隋朝，建立了唐朝，是為唐高祖。

34

一日早朝，唐高祖坐在龍椅上接見眾臣。

眾愛卿，對於大唐的治國方略，你們可有看法？

吾皇萬歲萬歲萬萬歲！

新科狀元孫伏伽上表啟奏。

陛下要汲取隋朝滅亡的教訓，只有用人唯賢、虛心聽取意見，才能治理好國家。

陛下，臣有事上奏。

孫愛卿敢於直諫，朕就任命你為治書御史。

35

為了安撫天下，唐高祖頒布大赦天下的詔令。

可是那些起義軍的將領讓朕吃盡了苦頭，不能輕饒他們！

朕一定要狠狠地處罰那些起義將領，以解心頭之恨。

皇上說得對！

不能輕饒他們。

皇上，萬萬不可呀！

孫愛卿何出此言？如不懲治那些可惡的起義軍將領，如何能除去朕的心腹大患？

君無戲言。陛下說要大赦天下的話一定要算數。如果不講信義，那讓天下人如何能相信您呢？

孫愛卿言之有理，朕就聽你的吧！

唐太宗

大唐江山平定了，朕終於可以高枕無憂了，哈哈。

後來，唐高祖的兒子李世民登基為唐太宗，天下太平。無仗可打的唐太宗迷上了打獵。

打獵真刺激。

皇上迷戀打獵，荒廢朝政，這樣下去可不行啊！

一天，唐太宗再次帶着幾個侍從去打獵。

天氣晴朗，正適合打獵。

皇上一定會大有收穫。

這時，孫伏伽匆匆趕來。

陛下，等一等！

陛下在樹林裏騎馬射箭，這是很危險的。

朕打獵時都是繞着村莊走，也帶着侍從，有什麼問題！

我們走！

為了江山社稷，陛下不能任性啊！

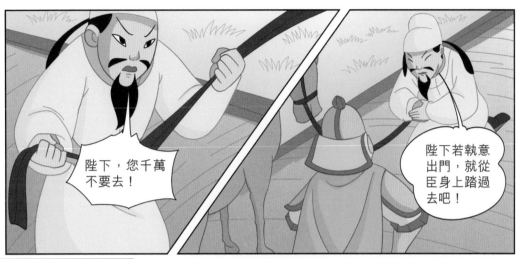

陛下，您千萬不要去！

陛下若執意出門，就從臣身上踏過去吧！

唐太宗頓時火冒三丈。

你竟敢妨礙朕！如果朕連這點小事都做不了主，還當什麼皇帝！

陛下，請三思啊！

來人，把他拖出去斬了！

於是，侍從抓住孫伏伽，準備把他推到外面砍頭。

陛下……

放開我！

看到孫伏伽死到臨頭還不依不饒，唐太宗突然大笑起來，叫侍從放開孫伏伽。

陛下不聽勸諫，我情願被殺，也不願意再為您效力了。

朕不過想試一試你的膽量。你是一個膽識過人的君子，真是大唐之福啊。朕今天不去打獵了！

孫伏伽曾先後輔佐兩位唐朝皇帝。他敢於犯顏直諫，是不可多得的忠信之臣。

— 孫伏伽的故事完 —

為民請命──商輅

商輅（粵音路）（公元1414年－1486年）自幼天資聰慧，才思過人，是科舉史上難得一見的「三元及第」，即連續考中鄉試、會試、殿試的第一名。他剛正不阿、寬厚有容、臨事果決，獲當時的人稱譽為「我朝賢佐，商公第一」。

商輅

相傳，明憲宗讓文武百官為慶祝皇太后壽辰出謀獻策。

朕將為皇太后過大壽，眾愛卿誰有好主意啊？

啟稟皇上，我朝以孝治天下，皇上的孝心定能感動天地，感化黎民百姓。

我們得想辦法讓皇上和太后高興。

這時，一名愛拍馬屁的官員率先開腔。

42

43

這位村民懷揣狀紙來到商府，並在商鞅出府時攔轎，呈上狀紙。

這就是商大人的家，他一會兒上朝時一定會從這裏經過。

我要告狀，請將狀紙給商大人過目。

商大人，請您一定為老百姓做主啊！

這件事我清楚了。你先回去吧！

這件事我應該這樣去做……

商鞅反覆思量早朝時的情形和狀紙的內容，心中有了主意。

竟有這等事情？這些人要造反了！把鬧事的刁民統統斬了！

幾天後，負責的官員為免事態惡化，便在早朝上向明憲宗稟報。

商愛卿有話要講？

商愛卿説得有理，必須妥善安排這些百姓……

皇上息怒，太后大壽本應大赦天下，怎能流血收場呢？

天子以天下為家，哪裏用得着莊園呢？還請皇上三思。

商大人説得對！

是啊！我們贊成商大人的説法。

言之有理。

朕很欣賞像你這樣仗義執言的賢臣。

商輅仗義執言不僅為自己贏得了賢佐的美名，也幫助了困苦的老百姓。

46

— 商輅的故事完 —

賢德

品行端正的文人雅士

　　中國古代社會品行端正的文人雅士，不僅講究琴棋書畫等藝術文化造詣，亦着重修身養德、培養良好品行。他們刻苦求學，勤勉自勵，即使憑藉科舉考取功名，走上仕途，也不會為求升遷依附權貴，正直無偏。他們積極上進的故事流芳後世，成為莘莘學子的好榜樣。

虛心求進 ——柳公權

柳公權（公元 778 年－865 年），唐朝著名的書法家。他自創稜角分明的「柳體」，與另一唐朝書法名家顏真卿並稱「顏柳」，是歷代書藝的楷模。

柳公權

相傳柳公權從小就喜愛書法。

今天又練了一幅字！

柳公權

哈哈哈哈！我是最強的！

第一

恭喜你！

有什麼了不起！

一次書法比賽中，柳公權得了第一名，便到處炫耀。

一天，柳公權和朋友一起玩跳馬遊戲。

哈哈！

輪到我了！

喂，輪到你當馬了！

我是第一，憑什麼讓你騎？

你！

怎麼了？你想跟我比試一下書法？

你太囂張了！

比就比！

49

兩個人各自把字寫好之後，便為了誰寫得更好爭論起來。

我的好！

我的好！

這時，一個賣豆腐的伯伯路過。

小朋友，你們在做什麼？

他們把事情的原委告訴了伯伯，於是伯伯拿起柳公權寫的字仔細端詳起來。

這字寫得不好，好像我的豆腐一樣軟綿綿的，沒筋沒骨，還值得在人前炫耀嗎？

哼，有本事，你也寫幾個字讓我看看！

我是一個粗人，字寫得不好，但是我知道城裏有一位老人家寫得比你好得多！

你別胡說八道了！

我說的老人家住在華京城，不信你就到那裏看看吧。

50

第二天，柳公權五更天就起牀，一心要去華京城尋找那位擅長書法的長者。

好睏呀！

我一定要找到那個老伯伯。

我該到哪兒找他呢？

老婆婆，請問你認識一個會寫書法的老伯伯嗎？

你問她吧，她就是那個老人家的孫女。

你找我爺爺要做什麼呀？

我要跟他比賽書法！

我勸你早點回家睡覺好了！你肯定比不過他！

我是書法比賽的第一名，我怎麼可能輸給他！

那好吧。跟我來！

柳公權來到了老伯伯的家。

我是書法比賽第一名，我要和你比賽寫字。

我寫字是為了修身養性，我們就不要比試了。

你一定是怕輸給我，所以才找藉口吧。

看到柳公權執意要比試，老伯伯只好答應了。

孩子，永遠不要誇耀自己是第一，學無止境啊！

哼，這老伯伯真是囉唆，氣死我了！

別說廢話了！快點開始吧！

年輕人還真是驕躁呀！

於是，老人在紙上寫下「戒驕」二字。

戒驕

啊？怎麼會這樣呢？

輪到柳公權寫了。他寫了一遍又一遍，始終不及老伯伯寫得好。

孩子，寫字並非一日之功，要多加練習才能寫得好。

老伯伯，我知道錯了。

知錯能改，就是個好孩子。老伯伯把這幅字送給你。

從此，柳公權虛心學習，勤奮練字，最終成為一位偉大的書法家。

我一定要靜下心來，全神貫注，這樣才能把字寫好。

寫字的日子越長，我便越能發現書法的玄妙啊！

沒錯！可謂「柳字一字值千金」呀！

這才是真正的書法！

柳公權的書法堪稱一絕呀！

— 柳公權的故事完 —

志高才厚——莫宣卿

莫宣卿（公元 834 年－868 年）是中國歷史上最年輕的文狀元，也是廣東第一位狀元。他文采出眾，相傳七歲就能吟詩作賦，十二歲參加州試，考中秀才，被稱為神童，享譽文壇。

莫宣卿

唐朝末年，莫宣卿出生在嶺南封州一條小山村。在他出生前，父親就去世了。

可憐的孩子，剛出生就沒了爹。

莫家竟出了個啞巴。

是啊！太不幸了。

孩子，你為什麼還不說話呢？娘好擔心呀！

相傳莫宣卿三歲時還不會開口說話，惹來村民議論紛紛。她的母親為此經常偷偷落淚。

55

一天正午，莫宣卿正在淋邊玩耍。忽然，晴空中響起一聲震雷。

娘！

孩子，你終於會說話了！再說一遍！

娘！

六歲那年，莫宣卿開始到私塾讀書。

你叫什麼名字呀？

向老師問好吧。

老師好。我叫莫宣卿。

嘻嘻，老師教的我都會了。

他天資聰穎，老師教的東西很快就能學會，於是他上課時常分心。

上課真沒趣，還不如看課外書呢！

當時封州的風俗中有名叫「偷青」的活動，意指每逢農曆正月十二到十五日晚上到別人家裏去「偷菜」。

一天，莫宣卿趁上課時間溜了出去，到路邊的田地偷了一把菜。

這棵青菜真新鮮呀。

過來。你到哪兒去了？

老師，我……

剛進學堂，老師就叫住了莫宣卿，他慌忙把青菜藏到了身後。

小童子暗藏春色。

這是我「偷青」來的。老師明察秋毫，嘻嘻。

聽了老師的話，莫宣卿馬上將青菜送給了老師。

「日照方窗，規規矩矩」。你們能對出下聯嗎？

一天，老師指着窗口，吟出了一句上聯，然後讓學生對下聯。

老師，我想出來了。

筆走龍蛇，曲曲彎彎。

寫字怎會曲曲彎彎呢？

對啊！寫字要端端正正才對呀！

我也想不明白他的對句。

同學們説得有道理，這下聯不算是佳對。

58

放學後，莫宣卿不敢回家，便和幾個同學到河邊去散心。

好啊！我們好久沒去了。

我們一起去河邊玩吧！

我怎麼就開心不起來呢？

我們玩遊戲吧！

好呀！

我沒心情，不玩了。

平時你像麻雀那樣吱吱喳喳，現在怎麼灰頭土臉的了？

老師不要你了，看你還神氣什麼！

我本南山鳳，豈同凡鳥羣！

此時，封州有名的教書先生梁明甫恰巧經過這裏。

想不到一個孩童竟能說出如此有大志的話！

你能將剛才「南山鳳」的兩句話續成一首詩嗎？

沒問題。

好！真是個了不起的孩子！

我本南山鳳，豈同凡鳥羣。英俊天下有，誰能佐聖君？

從今天起你就是我的學生，希望你用心讀書，學有所成。

學生拜見恩師。

梁明甫收莫宣卿為學生。莫宣卿果然不負眾望，成為一個非常有學問的人。

— 莫宣卿的故事完 —

率真守誠——王拱辰

王拱辰

王拱辰（公元1012年 － 1085年）是北宋時期的狀元，原名叫王拱壽。公元1030年，他考中狀元，獲宋仁宗賜名「拱辰」。

王拱辰小時候家境貧窮，父親在他很小的時候就去世了。

相公呀！嗚嗚嗚……

拱壽呀，家裏的生計就全靠我們母子了。

娘，我知道了。

由於弟妹年幼，家裏的體力工作都由王拱辰承擔。

王拱辰非常懂事，而且誠實守信，彬彬有禮，大家都誇讚他。

這不是拱壽嗎？

王大爺您好！

這孩子真不錯！

喔喔喔！

雞啼了，該起牀啦！

趁天未全亮要多讀一會兒書，之後再放牛！

王拱辰讀書刻苦用功，公雞剛啼，他就起牀讀書了。

即使在放牛時，他也不忘爭取時間讀書。

時間過了一天又一天……

一年又一年……

王拱辰長大後與幾個同鄉一起去參加鄉試。

你覺得我們這次鄉試能考中嗎？

考官對王拱辰的文章大為讚賞，他順利地通過了考試。

這篇文章可謂妙筆生花呀！

我中舉啦！

我一定要努力學習！力求高中狀元！

之後，王拱辰更加勤奮地準備殿試，他書房的燈經常徹夜長明。

子曰：學而時習之……

到了殿試舉行時……

宋仁宗

嗯？這是……

王拱壽的文章絕好，朕欽點他為狀元！

主試的宋仁宗認真地審閱了每個考生的試卷。

65

一天早朝之後，宋仁宗命人把考中前三名的考生召集到大殿上，宣布殿試結果。

快快宣此次科舉排在前三名的考生進殿。

但願我能高中。

好緊張呀！

不知道我們三個誰是今年的狀元呢？

人人都想當狀元，可是狀元只有一個呀！

差點兒就考中了……

今年的新科狀元是王拱壽。

陛下，草民不配當狀元。請把這項榮譽另賜他人吧。

陛下，我十年寒窗苦讀，做夢都想中狀元，可是這次的題目我剛好做過。如果我默不作聲，那我就是個不誠實的人！

何出此言？

這王拱壽一定是糊塗了。

有便宜不佔，他怎麼了？

真是天下奇聞！

多謝皇上。我定當不負您的厚望。

王拱壽，你真是愚蠢。你要是不說出來，別人根本就不會知道。

你能說出實情，朕深感欣慰，這才是一個狀元應有的品格！朕一定選你做狀元！

王拱辰此後仕途亨通，官至御史大夫。

— 王拱辰的故事完 —

疏財仗義 ——畢沅

畢沅（公元1730－1797年）是清朝乾隆年間的狀元。他博學多才，曾負責編纂《續資治通鑑》，整理前朝史料，具有很高的歷史價值。

畢沅

畢沅的父親很早就去世了，他與母親相依為命。

母親知書達理，畢沅深受她的影響。

孩兒記住了。

沅兒，你要多讀書，學習做人的道理。

畢沅

能在畢大人這裏做事，真是福氣。

大家別客氣，有困難即管說出來，我們一起解決。

謝謝畢大人。

入朝為官後，畢沅招攬了很多賢能之士入幕。無論誰有經濟困難，他都會慷慨解囊。

黃景仁

今朝有酒今朝醉，借酒消愁愁更愁啊！

當時京城有個非常有才華的詩人叫黃景仁，他脾氣古怪，終日喝酒，生活貧困潦倒。

畢沅其中一名幕僚是黃景仁的好友，大力向畢沅舉薦他。

來人！你去找這位黃景仁，給他送五十兩銀子。

遵命。

「一家俱在西風裏，九月寒衣未剪裁。」黃景仁這詩情景交融，寫得甚好！

畢大人知道你生活困苦，讓我給你送點銀子應急。

黃景仁便給遠在陝西出任巡撫的畢沅寫了封感謝信，又請他幫自己謀件差事。

黃景仁一定是走投無路才會向我開口求助。

畢沅很欣賞黃景仁的坦率，決定幫助他。

這個職位應該很適合黃景仁。

畢沅多番聯絡，出資為黃景仁求得一個縣丞的職缺。他寫信給黃景仁，請他馬上前來上任。

哈哈，太好了！

接到信後，黃景仁非常高興，急忙打點好行囊準備赴任。

畢大人，您的恩德我只能來生再報了。

可惜黃景仁在赴任途中因病去世了。

畢沅得知後十分悲傷，出資為黃景仁處理後事。

老夫人請上車。

畢沅派人把黃景仁的靈柩送回家鄉，又把他的母親接來奉養。

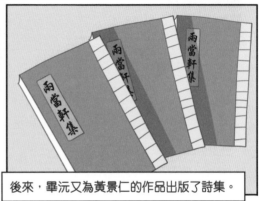

後來，畢沅又為黃景仁的作品出版了詩集。

70

程晉芳

畢沅有個門客名叫程晉芳,他來到幕府後整天無所事事。

你是一個讀書人,怎麼不讀點兒書呢?

閒得無事可做的日子看似讓人羨慕,其實也挺難捱的,唉!

我缺錢,把書都賣了。

你為什麼不早些告訴我呢?

今後倘若他要買書,錢儘管給。

於是,畢沅立即吩咐下人,以後供給程晉芳買書的錢。

我決不辜負您的期望。

程晉芳對此十分感激,後來他考中了進士,在翰林院當了十多年的編修,參與編纂《四庫全書》。

71

後來，程晉芳再次陷入財困。

就剩下這幾個銅錢了，要怎麼過日子呀？

他背上行囊，去找畢沅助他解困。

畢沅十分熱情地接待了他。

好！

你就多住些日子，好好在陝西玩玩。

不過程晉芳在陝西才住了一個月，便因急病去世了。

我從此又少了一個知己啊！

畢沅派人把程晉芳的靈柩送回江蘇淮安。

畢沅樂善好施，禮賢下士的事跡，為世人津津樂道。

程兄，我會經常來看你的。

72

— 畢沅的故事完 —

機 敏

智謀過人的儒林翹楚

中國古代的知識分子以智慧與文人風骨持守浩然正氣，他們展現過人智謀的種種事跡為人津津樂道。可喜的是，他們並非要賣弄自己的知識，而是以謀求蒼生幸福為人生目標，並在兼濟天下的路上奮發向上，成為時代的翹楚。

詩畫雙絕──王維

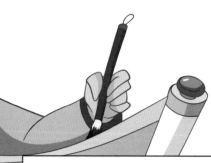
王維

王維（約公元 701 年－761 年），唐朝著名詩人、畫家，獲尊稱為「詩佛」。

公元 721 年，王維高中狀元，展開仕宦生涯。

摩詰居士

我號稱「摩詰居士」，來自佛教經典《維摩詰所說經》，反映了我的佛學修養。

狀元

高中狀元，光耀門楣，上天待我不薄啊！

手中一枝畫筆，山水在我心中。

南宗山水畫之祖

他的書畫各臻其妙，獲後人譽為「南宗山水畫之祖」。

74

約公元 701 年，太原望族之一的王氏家族誕生了一個小男孩，親朋好友紛紛前來祝賀。

恭喜嫂夫人！

可喜可賀！

這個小男孩取名「王維」。

王維

娘畫得真好看。

受母親的影響，王維從小就喜歡畫畫。

我也要畫畫。

王維多才多藝，九歲已會作詩寫文章，十九歲時高中狀元，名動京師。

他的畫也很有名氣，尤其精通山水，受禪宗影響的畫作風格突出。

75

當時很多王公大臣都想得到王維的畫作，宰相李林甫也登門求畫。

李林甫

今天王維家來客甚多呀！

王大人，可否為我作畫？

李大人位高權重，我的畫入不了您的高雅之堂，還望大人諒解。

可惡！這個毛頭小子竟敢輕視本大人！

李林甫懷恨在心，多次向皇上奏本，最終王維被貶職。

皇上，王維攀附朋黨，品行不端……

唉，小人當道！

被貶之後的王維離開了長安。

他來到了風景秀美的終南山，過起了隱居的生活。

王維經常借酒消愁，酒後便開始作畫，久而久之形成了習慣。

人生不得意，
惟有借酒消愁！
哎，我想畫幅畫。

哈哈，有筆
有紙就有畫。

我怎樣才能得到王維的畫呢？

相傳，當地太守聽說王維隱居於此，很想得到他的畫。

我想要一幅王維的畫！你給我想辦法！

小人遵命！

這可怎麼辦？王維不給權貴面子可是出了名的呀！

聽説王維有酒後作畫的習慣。

於是他想出了一個計策。

我們何不這樣……

這個主意不錯。

過了幾日，王維接到一張請帖。

來者何人？

我是山下張員外的家丁。

我家老爺想邀請王大人去赴宴，還望大人賞臉。

王維欣然赴宴。

此時，等候在張員外家門外的太守和師爺心中暗暗高興。

歡迎王大人！

王維不會生我的氣吧？

太守怎麼也在這裏？

王維看到太守和師爺也站在張員外家門口，心知不妙，但也無法拂袖而去。

畫……

等等！
不對！

一定是他們想
要我的畫！

怎麼辦呢？我不
能讓他們得逞。

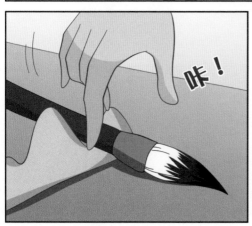

咔！

有辦法了！

81

太守和師爺掀開客室的門簾，發現王維已經不在裏面了。

好個王維，竟然一聲不響地溜走了。

這橫一道豎一道，是畫嗎？

這是什麼破玩意！

息怒！大人息怒！

我們把燈吹滅看看！

呼！

83

蠟燭熄滅之後，朦朧的月光灑入室內，牆上竟出現了一幅靈動優美的山水畫。

簡直栩栩如生！

哇！好美呀！

太守和師爺被畫中景象驚呆了，心中十分高興。

一桌宴席換一幅好畫！太划算了！

王維一生清高剛正，不願攀附權貴，深深地影響了一代文壇。

── 王維的故事完 ──

映雪夜讀
——孫康

孫康

孫康（生卒年不詳），
晉朝人，以苦讀勤學知名。

孫康從小就喜歡讀書，每天都在學堂的窗戶外聽課。

我要是能在學堂裏聽課該多好呀！

由於家境貧窮，沒錢買燈油，孫康一直為晚上沒辦法讀書而苦惱。

要是有油燈就好了。

冬天來了，大雪紛飛，地上積了厚厚的雪。

爹，我要是不去聽課的話，那就太浪費時間了！

孩子，下這麼大的雪，你就別去學堂了！

走到半路，大雪封山，孫康沒辦法繼續前行了。

躺在白皚皚的雪地上，孫康滿腦子都是讀書的事情。

要是能天天讀書該有多好呀！

唉，沒法子，只能回家了。

一天，孫康的好朋友借給他一本書。

孫康一邊幫家裏幹活，一邊看書。

這是我爹的書，你要歸還啊。

太好了，我一定會好好愛惜它的。

子曰：三人行，必有我師焉……

兒子，吃飯了！

我不餓。

到吃飯時他也捨不得放下書本。

天黑了，書上的字變得模糊不清，孫康很着急。

爹，我也想像別人的家一樣用油燈看書。

哎呀，天黑看不清字了，怎麼辦呢？

可是燈油好貴呀！

晚上，孫康輾轉反側，睡不着覺。

冬季的白天太短了，晚上沒辦法看書，白白浪費時間，太可惜了！

忽然他發現從窗外透進幾絲白光。

雞還沒啼呢，這光是從哪裏來的？

孫康打開門一看，只見外面一片白茫茫。

外面怎麼這麼亮呀？

哇，下雪了。

哎喲……

當他想要站起來時，卻發現雙腿已經凍僵了。

康兒，外面太冷了，你不要再到外面去讀書了！

只要能讀書，這點兒苦算什麼！

這本書我讀完了，謝謝你！

我明天再給你帶新的。

子曰：學而不思則罔，思而不學則殆……

就這樣，孫康在寒冬裏裹着棉被在雪地上讀書。

孫康砥礪求進，學有大成，成為了一位很有名望的學者。

90

— 孫康的故事完 —

擇善固執——馮京

馮京（公元1021年－1094年），北宋名臣，亦是宋朝最後一位「三元及第」的狀元，曾輔助四朝。

馮京

能成為「三元及第」的狀元，真是榮耀至極啊！

歷史上「三元及第」的狀元為數不多，馮京是其中之一，人稱馮三元。

馮公子果然才貌出眾呀！

謝宰相！

我想將女兒許配給你……

公子您好！

時任宰相富弼欣賞馮京才華洋溢，先後將兩個女兒許配給他為妻，留下了「兩娶宰相女，三魁天下元」的佳話。

我鄉試考了第一！

我又在會試中拔得頭籌！

馮京一表人才，好學上進。相傳他考取功名的路上也曾有一番波折。

當時整個京城的人都預測馮京會是今年的狀元。

馮京？不就是那個鄉試第一名嗎？

他也是會試第一名！

今年的狀元多半是馮京！

許多官宦之家都想和馮京結為姻親。

北宋權臣張堯佐也想把女兒嫁給馮京。

有一天，張堯佐叫人把馮京請到府中。

馮公子請！

有勞了！

該怎麼辦呢……

大人，您這是什麼意思？

一見面，張堯佐就把一條金帶披在馮京的身上。

我的姪女嫁給了皇上，我也想把其中一個女兒許配給你。

小姐金枝玉葉，萬萬不可！

在下先告辭了！

94

馮京心中有數，他沉着盤算下一步如何應對。

我就算不中狀元，也不會娶他女兒！

殿試的日子到了，馮京走進考場。

決定命運的關鍵時刻來了。我要努力應考，不枉這些年來的努力。

馮京在考卷上寫名字時，把姓氏「馮」字左側的兩點移到名字「京」字旁，寫成了「馬凉」（凉：即「涼」的異體字）。

若我果真考中狀元，到時再與皇上解釋我改名換姓之事，應可獲得諒解。

馬凉

96

很快，馮京抗婚的事情不脛而走，人們知道新科狀元馮京竟敢和權勢顯赫的張堯佐對着幹後，紛紛稱讚他是「硬骨頭狀元」。

馮京可真是個天才！

竟然有這樣的事。哈哈……

大快人心啊！

這小子可了不得。

馮京不向權貴屈服的故事家傳戶曉，美名流傳後世。

── 馮京的故事完 ──

機敏過人——李蟠

李蟠（粵音盤）（公元1655年－1728年），清朝康熙年間的狀元。他出生於書香門第，從小天資聰慧，四十多歲時應試高中狀元。

李蟠

皇上，順天鄉試竟無一人落榜，事有蹊蹺啊！

必須懲治李蟠！

公元1699年，李蟠受命成為順天鄉試的主考官，卻傳出涉及舞弊。

聖上可以再派官員監考，重新考試，然後再給臣定罪也不遲啊！

李蟠這回可逃脫不了罪責了！

通天榜傳奇

可惜一波未平，一波又起。當時一位作家根據傳聞撰寫了劇作《通天榜傳奇》，再次令作弊傳聞越演越烈。

相傳李蟠以巧計為自己辯解。

自古以來，説書唱戲的內容都只是民間野史，正如臣家鄉的父老鄉親所説……

如何？快快道來！

哈哈哈！

哈哈哈！

他們常説，説書唱戲就是放屁的胡説八道。

哈哈哈！

你可真是朕的開心果。哈哈。

不行，這事不能敷衍過去，總得有個説法才能平息眾怒。不如先將李蟠流放吧，日後再找機會讓他回來。

99

李愛卿，如果你遭貶謫，願意去什麼地方啊？

康熙和李蟠下棋時趁機試探他。

臣不敢挑肥揀瘦，還是將罪臣貶到遠離京城的黑石峽吧。

黑石峽

好！那就發落你到黑石峽。

李蟠連夜收拾行囊，第二天一大早就一路直奔老家徐州。

徐州

一晃七八年過去了。一次，康熙在微服私訪之時途經徐州。

好啊！

張大人，下官聽說明日李蟠要宴請賓客，您和皇上也一起去湊個熱鬧吧！

皇上，請您坐好，我們出發了。

莫非此處就是李蟠當年請求被貶的「黑石峽」？

啟稟聖上，此處正是李蟠被貶的地方，他就是今天宴請賓客的黑石峽「安樂谷谷主」。

康熙來到一道大門前，只見門楣上寫着「黑石峽安樂谷」幾個大字。

好個李蟠，竟然借地名糊弄朕，躲到這裏享起清福來了！

這時，李蟠正在客廳招呼賓客入座，抬頭見兩人走進來，慌忙下跪迎接。

罪臣不知聖駕親臨，有失遠迎，還望皇上恕罪。

萬歲！

一羣人聽說是皇上駕到，個個慌忙跪倒。

101

參拜者何人？莫不是黑石峽的主人、本朝狀元李蟠？

皇上聖明，謝主隆恩！

恩從何來？

啟稟皇上，您剛才親口赦免了罪臣，喚罪臣為「黑石峽」的主人。皇上金口玉言，張大人可作證。

李蟠從此不僅洗脫罪名，還因此聲名大振。他憑機敏躲過大難的消息不脛而走，成為當地百姓茶餘飯後百談不厭的話題。

哈哈，李蟠太機智了。

是啊！他配得上「機敏狀元」這個稱號。

— 李蟠的故事完 —

忠義

保家衛國的志士仁人

　　盡忠盡義是中國歷代眾多志士仁人的理想，他們或為了謀求百姓的福祉，或為了保存民族的氣節，或為了抵禦外敵的入侵，往往奮不顧身，以生命體現對國家的忠誠，實踐「天下興亡，匹夫有責」的錚錚誓言，令人感念敬佩。

以德服人
——郭子儀

郭子儀（公元697年－781年）是唐朝的武狀元，也是中國歷史上唯一輔助七朝的武狀元。他戎馬一生，屢建奇功，享有崇高的威望，世稱郭令公。

公元765年，曾經當過唐朝節度使的僕固懷恩說服吐蕃、回紇等部族出兵三十萬，圍攻大唐的京城長安。

吐蕃王

回紇王

要一舉攻破長安城！

我們就從這裏進攻。

僕固懷恩

回紇大軍迫在眉睫，這可如何是好？

消息傳來後，唐代宗急忙調遣各路大將率軍護駕。

臣遵旨。請皇上放心，臣定當全力保家衛國，將吐蕃、回紇擊退。

宣朕旨意，命郭子儀帶領一萬人屯兵涇陽。

我率領兵士從這邊伏擊敵軍。

我們應該從這路進軍……

郭子儀到達涇陽後，便遭吐蕃、回紇等聯軍包圍，形勢十分危急。

將軍，僕固懷恩病死了，吐蕃和回紇兩邊已經分開紮營了！

太好了，我們的機會來了！

郭子儀命大將李廣瓚前去遊說回紇王。

遵命。

李將軍，你去找回紇王，就説我們願意和回紇一起聯手消滅吐蕃。

李廣瓚領命前赴回紇王的營地。

郭子儀將軍派我前來，希望回紇與大唐重修舊好。

僕固懷恩告訴我們郭子儀已經被奸人害死了，我不相信你的話。如果郭子儀活着，就請他來一趟。

回紇王説了什麼？

將軍，萬萬不可啊！他們詭計多端，不可以相信他們。

既然如此，我就親自去回紇大營走一趟。

回稟將軍，回紇王説只有您親自在回紇大營現身，他才肯相信您還活着。

將軍，您千萬不能去啊！

回紇的兵力是我們的幾十倍，我們難以為敵，我必須展示交好的誠意。

將軍，此行太危險了，請您讓五百兵士隨行護衞吧。

不過郭子儀認為帶兵前赴敵營會惹起質疑，於是毅然獨自赴會。

來到回紇駐紮的地點，郭子儀叫守衞通報。

請稟報回紇王，就說郭子儀求見。

門外有位自稱是郭子儀的人求見。

我倒要看看是真是假。來人，弓箭手準備好！

聽我口令，隨時準備放箭。

一定要讓回紇王看看我郭子儀的誠意！

嗖！

郭子儀並不慌張，他來到回紇大營前摘盔卸甲，還丟掉佩劍，昂首闊步地前行。

難道郭令公真的還活着？

回紇王，你看看我是不是郭子儀！

僕固懷恩説皇上和郭令公都已經去世了，所以我們才跟吐蕃聯手。

參見郭令公。

皇上很好，我不也好好地站在這裏嗎？

回紇王終於明白原來自己被僕固懷恩所騙，馬上丟掉了手裏的弓箭。

大唐向來與回紇福禍與共，如今你們幫助叛臣，能給回紇帶來什麼好處？

您説得對！讓我們重修舊好，共抗吐蕃吧！

探子回報説郭子儀昨天去了回紇的大營……

郭子儀還活着？糟糕了。

吐蕃大軍連夜撤走了。

郭子儀又帶着回紇王朝見天子。

兩位平身，快快請起。

吾皇萬歲。

110

唐代宗大悅，封賞了郭子儀，重新確立回紇和唐朝的盟友關係。

一代名將郭子儀在大唐陷於危難時力挽狂瀾，以忠心赤膽保衛國家，令大唐得享太平盛世。

111

— 郭子儀的故事完 —

忠君報國──李琪

相傳李琪（粵音拱）（生卒年不詳）是北宋時期的抗金名將，他率領勇士抵禦外敵，力戰而亡。

李琪

李琪出生在桂林的一條山清水秀的小村。他從小身體強壯，力大無比，還經常練習武術。

單臂舉重一點兒都不吃力。

李琪十分喜愛讀書，深得鄰人欣賞。

學而時習之，不亦樂乎……

這孩子將來肯定能做大官。

長大後，李琪參加了童生試和鄉試。

我肯定自己一定能順利上榜。

這題真簡單。

考試成功，我一定要去祭拜先祖！

果然，他通過了童生試和鄉試，獲得功名。

出人意料的是，他三次參加會試都名落孫山。

真令人大失所望。

唉……

可不是嘛，原以為他會有點出息呢……

李珙卻沒有因此而消沉。

你不要難過，可以再接再厲呀！

這點兒挫折不算什麼。大丈夫志在四方，我要從戎報國！

於是，李珙報名參加武舉考試，一舉成為武狀元。

你叫什麼名字？

報名

我叫李珙。

哈哈哈！

那時，廣西宜州一帶發生暴亂。李琪接到命令後便火速率軍趕往鎮壓。

李琪大勝而歸，並因功得到獎賞。

後來，李琪又進軍南丹州，當地的少數民族首領紛紛歸附，李琪因此再度晉升。

李將軍，我們願歸附大宋，為當朝效力！

皇上賞識我，我決不能辜負皇上的信任！

公元1119年，劉花三為首的農民在福建、江西、廣東一帶起義。宋徽宗命朝中大臣商議對策。

殺！

把皇帝推下台！

這些刁民太可惡了！

眾愛卿有何對應策略？

聖上，要平定叛亂，臣以為非李琪莫屬。

臣也這麼認為。

所言極是。

傳朕旨意：派李琪領軍，討伐叛軍！

幾番血戰之後，李琪俘虜了劉花三，並把他押到京師斬首了。

公元1125年，金太宗完顏晟發兵侵犯北宋首都汴京。

宋徽宗以密封的蠟書昭示天下，要求全國各地起兵勤王。

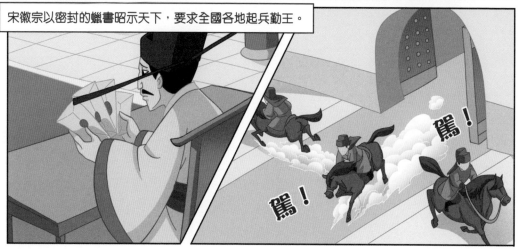

李珙接到蠟書後馬上與屬下商議。

大敵當前，
國家堪憂！

主憂臣辱，主辱
臣死，我們必須
火速前去救助！

遵命！

拚死殺敵！

於是李珙率領三千人的敢死隊跋山涉水，千里行軍抗敵。

這時，數萬金兵在李珙進軍
的路上圍堵他們。

四面封鎖，
軍糧難以為繼，
怎麼辦呢？

我們孤立無援，
勢單力薄，還是
撤退吧！

118

當時，李珙孤軍被金兵團團困於一座高山上。

國家有難，匹夫有責，豈能為貪生而喪失氣節！

四面受敵，看來是難以脫險了！

金兵主帥派人來招降。

那就請給你們的主帥帶回一封書信吧！

只要您歸降，保證你有高官厚祿。

大丈夫頭可斷，血可流，但氣節不能丟。

嘶嚓！

相傳李珙撕下戰袍一角，寫就一封血書，然後交給金人使者帶回。

119

金軍主帥接到李琪的血書，寫着：草間雖可活，丈夫誓不為。今為忠義死，作鬼也殺賊。

與七萬金兵血戰數日後，李琪率領的三千精兵全軍覆沒，他也壯烈犧牲。

追贈李琪為「忠州防禦使」。

遵旨。

忠州防禦使

到了南宋時期，朝廷為表李琪的忠義，便追封他為「忠州防禦使」。

120

— 李琪的故事完 —

寧死不屈 ── 文天祥

文天祥（公元1236年－1283年），南宋末年著名的愛國詩人，留下《過零丁洋》、《正氣歌》等作品傳頌千古。

文天祥

公元1275年，在朔雪飄飛的一天裏，文天祥正在書房讀書。

富貴不能淫，威武不能屈，貧賤不能移……

聖旨到！

皇上有旨：文天祥速速招攬義士，抗元救國。

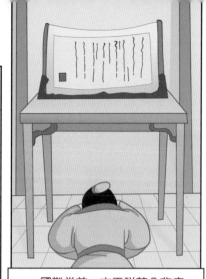

食國之祿，受君之恩，定當以死相報。

國難當前，文天祥萬分悲痛，對詔書拜了三拜。

他立即發布榜文，徵募義勇之士，籌集糧餉。

國家有難了！

我要參加！

文天祥捐出全部家財作為軍費，並把母親送到弟弟處贍養。

我誓與國家共命運。

祥兒，此行凶險，務必萬事小心！

哥哥，娘有我們照顧，你不用擔心。

憑這樣單薄的人馬怎麼抵擋元軍？這不是送羊入虎口嗎？

我心中清楚，儘管勢孤力弱，也要為國盡忠！

沒多久，文天祥組織了一支三萬多人的隊伍抗元，收復不少失地。

宋室甘願臣服。

可歎我大宋江山淪落啊！

可惜在欠缺支援下，文天祥寡不敵眾，宋朝兵敗投降，文天祥被捕入獄。

降將呂師孟到獄中挖苦文天祥。

丞相曾經斥我向元軍求和，現在怎麼不殺了我呢？

叛賊！你無恥苟活，還有什麼顏面見人？

元朝政府決定把文天祥一行十二人押往京師大都。

途中文天祥等人趁機逃走，乘着小船前往通州。

終於安全了！

我們能夠成功逃離，實乃萬幸啊！

快點划吧！

不久，宋元之間爆發了崖山戰役，大量將士戰死沙場。

真是天要亡我大宋呀！唉……

宋朝已亡，如果你願意效力元朝，一定會受到重用。

在戰事中文天祥被俘獲，再次成為階下囚。

國家覆亡，作為臣子卻無力挽回，我就算死了都仍有罪過，豈能歸順敵方呢？

元朝政府千方百計勸降文天祥，但他不為所動，甚至連元太祖親自出馬都未能說服他。

你說什麼都動搖不了我。

元太祖

只要你肯為元朝出力，有什麼條件我們都願意答應。

自古忠臣不事二主，我心裏只有大宋。

元朝需要你這樣的忠烈能臣！

女兒的信？

一天，文天祥接到了女兒的來信。

爹也想回家和你們團聚，可是為父不能那樣做！

女兒，國已亡，家亦不能苟全，我不能為了骨肉團聚而失節，請原諒爹……

看完信後，文天祥肝腸寸斷，含淚給女兒寫了一封回信。

眼看利誘和親情遊說都無法使文天祥屈服，元朝政府就用酷刑折磨他。

好好招呼文天祥，讓他生不如死！

無論怎麼折磨我，都休想動搖我的決心和意志。

他們給文天祥戴上木枷，送到一間潮濕寒冷、空氣惡濁的土牢裏，讓他每天吃不飽、睡不好，過着地獄一般的生活。

你要死，我偏不讓你死，就是要一直監禁你！

我既不怕死，還怕什麼監禁！

在牢獄裏，文天祥寫下了許多愛國詩篇。

公元1283年寒冬，大批百姓聚集在街道兩旁，等待送文天祥最後一程。

帶文天祥
上刑場。

文天祥神態自若地走向了刑場，從容就義，最後一次為國盡忠。

— 文天祥的故事完 —

忠孝節義 ——史大成

史大成（公元1621年－1682年），生於明朝末年，清朝時浙江省的第一位狀元。他文章人品俱佳，淡泊名利，天性至孝，曾為奉養父母而放棄官職。

史大成

相傳史大成的母親得了重病，他每天端湯熬藥，悉心照顧。

娘的病為什麼不見好轉呢？

他忽發奇想，決定效法古人割肉治病的故事。

為了治好娘親的病，割點肉不算什麼。

奇跡發生了，史大成母親的病竟然一天天地好了起來。

我感覺身體好多了。

娘，請喝藥。

割肉救母的事跡傳開，史大成獲得「孝子」之名。

真神奇，他娘親的病竟然好了。

這孩子的孝心感動了天地。

十六歲時，史大成考取了秀才，接着又考取了舉人。但當時明朝政府搖搖欲墜，史大成無意當官，便不再應考，留在鄉學中任教。

清朝建立後，史大成在父母催促下再考科舉。

兒啊，你還是到京城參加科舉吧！

好！孩兒會聽從爹的安排。

馬上就要參加殿試了，但願我能高中狀元。

主持殿試的順治帝閱覽各份試卷後，決定提拔史大成為第一名。

謝皇上恩典。

史大成，朕要提拔你為第一名，以狀元及第。

順治帝還欽點史大成擔任翰林院修撰。在職期間，史大成留下亮眼的功績。

爹娘啊，兒子多想回家探望你們！

當時朝廷規定，在京初為官者，只有完成每六年一次的考核「京察」後，才可回鄉省親。

史大成的父親纏綿病榻之際十分想念他。

成兒，為父好想你啊！

希望我也能早日收到成兒的畫像啊！

為解思念之苦，史大成的父親便請當地的一位畫師為自己繪了一幅畫像寄給兒子，並讓兒子也畫一幅自己的畫像寄回家中。

爹讓我畫一幅畫像給他，肯定是非常想念我啊！

史大成接到了父親的來信和畫像，深感愧疚。

史大成十分想念雙親，寢食難安，於是他給順治帝上書，要求回家探望父母。

爹，您很快就會接到孩兒的畫像了。

史愛卿的一片孝心令朕心生敬佩呀！

傳詔，朕特准史大成回家奉養雙親。

謝主隆恩！

史大成交接好職務後，便匆匆上路回家了。

爹，娘，孩兒終於可以和你們團聚了！

131

途中，史大成遇到專程赴京向他報喪的家丁。

老爺在十天前已經辭世了。

聽到噩耗，史大成傷心欲絕，昏倒在地。

爹啊……

好長時間他才蘇醒過來，醒後便哀號不止。

回到家中，史大成忙着處理喪事。

爹，孩兒不孝！

奠

哀傷加上忙碌，史大成終於病倒了。

難為你的一片孝心，朕准了。

他在身體狀況好轉後，馬上懇請順治帝准許他在家守孝三年。

娘，請喝茶。

我不能讓年紀老邁的娘親再承受離別之苦！

三年守孝期很快就結束了，史大成不忍心離開母親，於是再次上疏請求在家奉養母親。

期間，朝廷曾多次召他返京復職。

家有老母，我不能回去。

你應當返京復職。

朝廷見他屢召不還，便削了他的官職。

史大成對父母至孝，為官期間又多次主持科舉，為國家選拔人才，並曾為皇帝及滿族官員講解漢文化，使滿漢民族加深了解。

── 史大成的故事完 ──

133

望雲思親
——狄仁傑

狄仁傑（公元630年－704年）是唐朝名臣。他一生剛正不阿，政績卓著，為唐朝的發展作出卓越貢獻。

狄仁傑小時候家境貧寒，生活很困苦。

我希望自己能夠快點長大掙錢。

他特別喜歡讀書，經常手不釋卷。

唐高宗年間，狄仁傑努力考取功名，成為了當朝官員，官至宰相。

為官一任，造福一方。我一定要多為老百姓做事。

我不會收，拿走！

大人，請笑納。

狄仁傑為官清廉，從不收受賄賂。

各位好！

拜見大人。

他為人孝順，對父母尊敬有加。

他以良好的品行與卓越的辦事能力贏得了朝廷上下的推崇和尊敬，又舉薦多名具才學之士，為朝廷效力。

好久沒回家探望爹娘了，真是想念啊！

相傳狄仁傑在并州出任官員時，父母遠在河陽。因公務繁忙，他離家多年，一直沒有時間回家探望雙親。

傑兒心裏總是惦念我們呀。

這是您的兒子從并州寄來的書信。

您的兒子又來信了！

我正盼着我兒子的家書呢！

他常常托人給父母送信報平安，並且表達不能在父母身邊盡孝的遺憾。

135

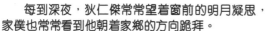
每到深夜，狄仁傑常常望着窗前的明月凝思，家僕也常常看到他朝着家鄉的方向跪拜。

爹娘啊，你們可安好？

大人離家幾年光景，肯定是想念父母了。唉！

有一次，狄仁傑與官差一起到太行山辦案。

好高的山啊！

這太陽真猛烈！

由於山勢陡峭，林木叢生，加上中午熾熱的太陽炙烤，爬到山腰時大家都累得氣喘吁吁。

什麼時候到山頂呀？

呼！

又熱又累呀！

大人，我們歇息一會兒吧！

大人，請您坐在旁邊的石頭上休息一會兒吧！

太行山腳下就是我的家鄉啊！

狄仁傑抬頭向太行山頂峯望去，只見霧靄重重，若隱若現，心中湧現對家鄉的思念之情。

爹，娘，此時此刻兒子好想你們啊！

狄仁傑想起了小時候與父親一起爬山的情景。

我們一起爬山去。

爹，等等我！

138

故事結束後……

大人看見白雲想念家鄉了。

大人的一片孝心真讓人感動。

狄仁傑望着白雲久久不肯離去，直到白雲散開，才起身離開。

一代賢相狄仁傑對父母的孝心感動後人，而他身為父母官也心繫百姓，任大理寺丞期間處理了大量積壓的案件，務求冤者得雪，因而深受百姓愛戴。

── 狄仁傑的故事完 ──

中國古代的科舉制度

科舉是一種通過考試選拔官吏的制度，由於採用分科取士的方式，所以稱為科舉。從隋代至清代，科舉制實行了一千三百多年。到明朝時，科舉考試共分四級。讓我們一起看看考生如何在各級考試中力爭上游吧！

童生試

也稱為「童試」。在明代，童生試由提學官主持；在清代，童生試由各省學政主持。童生試包括了縣試、府試和院試三個階段，通過這些考試中選的人稱為「秀才」（又稱為「生員」），只有秀才能夠應考鄉試。

鄉試

在明清兩代，鄉試每三年在各省省城（包括京城）舉行一次，因在秋季舉行，故稱為「秋闈」。考試及格者稱為「舉人」，有資格繼續應考會試，亦能夠正式出任朝廷官員了。

會試

在明清兩代，會試每三年在京城舉行一次，因在春季舉行，故稱為「春闈」。考試及格者稱為「貢士」，可躋身殿試考生行列。

殿試

殿試是科舉制度中最高級別的考試，一般由皇帝親自主持，獲取錄者稱為「進士」，這是科舉制度中最高的功名。進士分為三甲（即三個等級），其中最高級的是「一甲」，共有三名，即考獲第一名的狀元，第二名的榜眼，和第三名的探花。由於它們有如鼎之三足，因此一甲又被稱為「鼎甲」。

藉由通過科舉制度的重重考核，不少莘莘學子獲得顯赫榮譽，踏上光明仕途。讓我們來認識一些與科舉名銜相關的用語吧！

及第

及第廣義上指在科舉考試中獲取錄，亦可專指在殿試中獲首三名的考生，他們可得到「進士及第」的稱號。至於未中選的考生，則稱為「落第」。

金榜題名

殿試的取錄名單會寫在黃紙上公布，因此被稱為「金榜」，金榜題名即指考獲進士。

連中三元

各級科舉考試中考獲第一名者都有特定稱呼，鄉試的第一名稱為「解元」，會試的第一名稱為「會元」，殿試的第一名稱為「狀元」。在鄉、會、殿三試中均考獲第一名，便稱為「連中三元」。中國科舉史上連中三元者只有十多人。

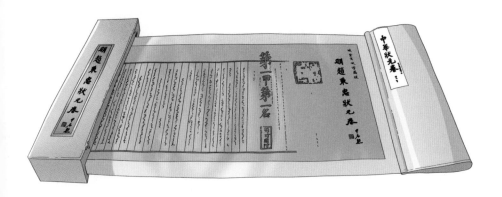